LE
BARON DE FOURCHEVIF

COMÉDIE EN UN ACTE

DE

MM. LABICHE et A. JOLLY

Représentée pour la première fois, à Paris,
sur le théâtre du Gymnase-Dramatique, le 15 juin 1859.

PRIX : 60 centimes.

PARIS

A LA LIBRAIRIE THÉATRALE

14, RUE GRAMMONT

—

1859

LE

BARON DE FOURCHEVIF

COMÉDIE EN UN ACTE

DE

MM. LABICHE et A. JOLLY

Représentée pour la première fois, à Paris,
sur le théâtre du Gymnase-Dramatique, le 15 juin 1859.

PRIX : 60 centimes.

PARIS

A LA LIBRAIRIE THÉATRALE

14, RUE GRAMMONT

—

1859

PERSONNAGES

LE BARON DE FOURCHEVIF.	MM.	Geoffroy.
ÉTIENNE LAMBERT, peintre.		Lagrange.
ROUQUÉROLLE, peintre		Lesueur.
TRONQUOY, domestique		Francisque jeune.
LA BARONNE DE FOURCHEVIF	Mlles	Mélanie.
ADÈLE, sa fille		Lambert.

La scène se passe aux environs de Grenoble, dans
le Château de Fourchevif.

S'adresser, pour la mise en scène exacte et détaillée, à M. Hérold,
régisseur de la scène, au Gymnase.

Paris. — Typ. Morris et comp., rue Amelot, 64.

LE BARON DE FOURCHEVIF

Le théâtre représente un vieux salon gothique donnant sur un parc ; portrait de famille, un meuble moderne en acajou, trois portes au fond. — A droite, premier plan, table servant de bureau. — Deuxième plan, porte. — A gauche, premier plan, fenêtre. — Deuxième plan, grande cheminée.

—

SCÈNE PREMIÈRE.

ADÈLE, TRONQUOY.

TRONQUOY, *il porte une livrée trop dorée et de mauvais goût, il regarde dans la glace, à droite.*

Suis-je beau, mon Dieu ! suis-je beau !

ADÈLE, *assise devant un chevalet, à gauche, peint des fleurs placées dans un vase, sur un guéridon.*

Non, je ne pourrai jamais rendre ces tons-là... le camellia est une fleur décourageante.

TRONQUOY.

Et puis ça ne sent rien ; mais, patience... j'ai lu l'autre jour dans le journal qu'un monsieur avait trouvé le moyen de parfumer les fleurs.

ADÈLE.

En vérité ?

TRONQUOY.

Ainsi la rose, à l'avenir, elle sentira l'eau de Cologne.

ADÈLE.

Jolie découverte. Tronquoy !

TRONQUOY.

Mademoiselle ?

ADÈLE, *elle se lève.*

C'est toi qui as été chercher ce bouquet chez monsieur Jules Dandrin, notre voisin?

TRONQUOY.

Oui, mademoiselle, à cheval, avec ma livrée... ça a fait un effet dans la campagne !

ADÈLE.

C'est bien, laissons ta livrée... et que t'a dit monsieur Jules?

TRONQUOY.

Il ne m'a rien dit ; il m'a donné cent sous ; chaque fois que je le rencontre, il me donne cent sous !

ADÈLE.

Je ne te demande pas cela.

TRONQUOY.

Voilà un brave jeune homme, et qui peint... comme un peintre ! En un rien de temps il a fait le rocher de monsieur votre père, qui est au bout du parc.

ADÈLE, *à part.*

Oh ! oui, il est artiste !

TRONQUOY.

Et comme il fait de jolies chansons !

ADÈLE.

Comment ?

TRONQUOY.

Avant-hier, je suis entré au salon pendant qu'il était au piano... Il chantait *le Nid d'hirondelles...* avec une petite voix... et des petits yeux ; ça m'a remué !

ADÈLE, *se remettant à peindre.*

Où est mon père?

TRONQUOY.

Monsieur le baron de Fourchevif ! Il fait sa promenade du matin dans le parc ; il a emporté des croûtes de pain pour donner aux carpes.

ADÈLE.

Et ma mère ?

TRONQUOY.

Madame la baronne est très-occupée, c'est aujourd'hui jour de lessive.

SCÈNE II.

LES MÊMES, LA BARONNE, *puis* FOURCHEVIF. *

LA BARONNE, *entrant du fond.*

Bonjour, Adèle.

ADÈLE.

Bonjour, maman.

LA BARONNE.

Tiens, c'est gentil ce que tu fais là, Tronquoy ?

TRONQUOY.

Madame la baronne ?

LA BARONNE.

Vous allez tendre les cordes pour la lessive. (*Apercevant la livrée de Tronquoy.*) Eh bien ! qu'est-ce que c'est que ça ? Est-ce que vous êtes fou ?

TRONQUOY.

Quoi donc ?

LA BARONNE.

Vous mettez votre livrée neuve dès le matin !

TRONQUOY.

Madame, c'est que...

LA BARONNE.

Ne vous ai-je pas acheté une petite veste pour faire le ménage ? Allez mettre votre petite veste.

TRONQUOY.

Mais, madame la baronne...

LA BARONNE.

Allez mettre votre petite veste. (*Fourchevif paraît au*

* Adèle, la baronne, Tronquoy.

fond, il a son pantalon retroussé du bas, il tient d'une main quelques brins de bois mort, et de l'autre un panier de pêches.)

FOURCHEVIF. *

C'est incroyable, c'est inimaginable.

TRONQUOY.

Monsieur le baron ! **

FOURCHEVIF, *lui remettant son petit fagot.*

Porte ça à la cuisine. (*A la baronne.*) Je n'aime pas à voir traîner le bois... et en se promenant, ça occupe ! (*Apercevant la livrée de Tronquoy.*) Comment, te voilà encore doré sur tranches à neuf heures du matin ?

TRONQUOY.

C'est ma livrée.

FOURCHEVIF.

Sa livrée ! Pourquoi ne couches-tu pas avec ?

LA BARONNE.

Va, parle-lui ferme.

FOURCHEVIF.

Oui. Approche, pourquoi t'ai-je acheté une livrée ?

TRONQUOY.

Dame ! c'est pour mettre sur mon dos.

FOURCHEVIF.

Est-il bête ! Mais si je t'ai acheté une livrée, ce n'est ni pour moi, ni pour ma femme, ni pour ma fille... et encore moins pour toi.

TRONQUOY.

Ah ! bah !

FOURCHEVIF.

C'est pour le monde, c'est pour les autres ! Or, il n'y a personne, nous sommes seuls; donc ta livrée devient complétement inutile.

_____

* Adèle, Fourchevif, Tronquoy, la baronne.
** Adèle, Tronquoy, Fourchevif.

LA BARONNE.

Parbleu !

FOURCHEVIF.

Donc, va mettre ta petite veste.

TRONQUOY.

Oh ! monsieur, je suis si bien là-dedans, c'était mon rêve.

FOURCHEVIF.

Oh ! l'orgueil ! il y a un an ça gardait les vaches... en blouse, et aujourd'hui... (*Avec colère.*) Va mettre ta petite veste.

TRONQUOY.

Oui, monsieur le baron. (*Il remonte.*)

FOURCHEVIF.

En même temps tu diras au jardinier d'emballer deux paniers de pêches. (*Remettant le petit panier qu'il tient à Adèle.*) Tiens, celles-ci sont attaquées, c'est pour nous ; occupe-toi de ton dessert. S'il y en a de trop gâtées, elles seront pour Tronquoy. Tronquoy, tu auras des pêches.

(*Tronquoy sort par le fond, à droite, avec le fagot, et Adèle, par le fond, avec le panier de pêches.*)

SCÈNE III.

FOURCHEVIF, LA BARONNE.

FOURCHEVIF.

Nous voilà seuls, j'ai à te parler ; c'est très-important. (*Ils s'asseyent à droite.*) Monsieur Jules Dandrin m'a fait demander ce matin, par son père, la main d'Adèle.

LA BARONNE.

Eh bien ! je m'en doutais.

FOURCHEVIF.

Voyons, il faut causer de ça, qu'est-ce que tu en penses ?

LA BARONNE.

Ce n'est pas si pressé, Adèle n'a pas dix-huit ans.

FOURCHEVIF.

Encore faut-il répondre ! C'est un excellent parti. Les Dandrin ont la plus belle raffinerie de betteraves du département. Sais-tu le chiffre de leur dernier inventaire ? Cent soixante-quatre mille trois cent trente-deux, zéro cinq ! voilà ce que j'appelle un inventaire.

LA BARONNE.

Sans doute... sans doute.

FOURCHEVIF.

Quoi, sans doute ? ce n'est pas un bel inventaire ?

LA BARONNE.

Si, mais Dandrin... Dandrin... c'est bien court ; il n'est pas noble.

FOURCHEVIF.

Eh bien ! et nous ?

LA BARONNE, *effrayée.*

Chut ! tais-toi, donc.

FOURCHEVIF.

Sois donc tranquille, il n'y a personne. Mais tu oublies toujours que je m'appelle Potard et toi... par conséquent madame Potard.

LA BARONNE.

Mon ami !

FOURCHEVIF.

Et que nous avons vendu de la porcelaine rue de Paradis-Poissonnière, 22. Et je m'en vante... tout bas, par exemple.

LA BARONNE.

Vous êtes insupportable avec vos souvenirs.

FOURCHEVIF.

Puisqu'il n'y a personne.

LA BARONNE.

Quelle nécessité y a-t-il de venir exhumer après dix-huit ans ce nom ?...

FOURCHEVIF.

C'est connu ! Lorsque nous avons acheté, il y a dix-huit

ans, la terre de Fourchevif, tu m'as dit en visitant le château ; tiens, nous étions dans la seconde tourelle ! tu m'as dit : Il est impossible d'habiter ça et de s'appeler Potard. Je t'ai répondu : C'est vrai, ça grimace... Alors nous nous sommes mis à chercher un nom, et à force de chercher, nous avons trouvé celui de Fourchevif, qui était là par terre, à rien faire.

LA BARONNE.

A qui cela nuit-il, puisqu'il n'y a plus d'héritiers de ce nom ?

FOURCHEVIF.

Si, on m'a dit qu'il en restait un... un tout petit, à Paris.

LA BARONNE.

Paris est si loin du Dauphiné !

FOURCHEVIF.

Et puis, il est peut-être mort, ce brave garçon ; quant au titre de baron, je n'y pensais pas. Ce sont les gens du pays qui me l'ont donné. Tiens, c'est le père Mathurin qui a commencé, le jour où il est venu pour renouveler son bail, le vieux malin !

LA BARONNE.

C'est tout naturel, les Fourchevif étaient barons, et puisque nous avons acheté leur immeuble...

FOURCHEVIF.

Et recueilli leur nom...

LA BARONNE.

Nous ne devions pas contrarier les habitudes du pays.

FOURCHEVIF, *ils se lèvent.*

Et puis, baron, c'est gentil, c'est agréable ! ça nous permet de voir la noblesse des environs... Nous boudons, nous complotons, nous parlons de nos ancêtres. (*Montrant les portraits.*) Voilà les miens, ont-ils des nez ! Il faudra que je les fasse débarbouiller... je leur dois bien cela. Grâce à eux, à mes relations, je compte me présenter aux prochaines élections du conseil général.

LA BARONNE.

Et plus tard, qui sait... à la députation !

1.

FOURCHEVIF, *vivement.*

Oh ! non ; il faudrait aller à Paris.

LA BARONNE,

Eh bien ?

FOURCHEVIF.

J'y connais tant de marchands de porcelaines ! Voyons, et notre prétendu, quelle réponse ?

LA BARONNE.

Dame, c'est une mésalliance !

FOURCHEVIF, *à part.*

Elle est superbe ma femme... Elle a toujours l'air de revenir des croisades !

LA BARONNE.

Il y aurait peut-être un moyen.

FOURCHEVIF.

Lequel ?

LA BARONNE.

Si monsieur Dandrin consentait à mettre une apostrophe à son nom !

FOURCHEVIF.

C'est juste, D, apostrophe, A, N, D'Andrin, c'est presque noble.

LA BARONNE.

Crois-tu qu'il accepte ?

FOURCHEVIF.

Parfaitement; il n'est pas fier. Je lui céderai deux ou trois ancêtres, et il sera des nôtres.

SCÈNE IV

Les Mêmes, ADÈLE, *puis* TRONQUOY.

ADÈLE, *entrant.*

Je viens d'arranger mon dessert.

FOURCHEVIF, *bas à la baronne.*

Je vais l'interroger adroitement. (*Haut.*) Approche, Adèle, nous avons à te parler.

* Fourchevif, Adèle, la baronne.

ADÈLE.

A moi, papa?

LA BARONNE.

Oui, mon enfant.

FOURCHEVIF.

Réponds-moi franchement. Qu'est-ce que tu penses de M. Jules Dandrin?

ADÈLE.

Mais dame, papa...

FOURCHEVIF.

Tu vas me dire qu'il n'est pas noble, c'est un malheur sans doute.

ADÈLE.

Ah! ça, ça m'est bien égal!

LA BARONNE.

Hein?

FOURCHEVIF, *à part.*

Elle a du sang des Potard!

LA BARONNE.

Ma fille, il ne faut pas dire cela.

FOURCHEVIF.

Non, il ne faut pas dire cela... devant le monde... d'ailleurs, M. Dandrin mettra l'apostrophe, c'est convenu.

ADÈLE.

L'apostrophe, pourquoi faire?

FOURCHEVIF.

Eh bien, pour t'épouser, car il te demande en mariage.

ADÈLE, *avec joie.*

Ah!

LA BARONNE, *à part.*

Il appelle ça l'interroger adroitement.

FOURCHEVIF.

Maintenant, donne-moi ton opinion.

ADÈLE.

Mon Dieu! vous me voyez très-embarrassée... je ferai toujours vos volontés... et celles de maman; et puisque vous me forcez...

FOURCHEVIF.

Nous ne te forçons pas, remarque que nous ne te forçons pas.

ADÈLE.

Puisque vous me forcez à vous dire mon sentiment sur M. Jules...

FOURCHEVIF.

Ah !

ADÈLE.

Que j'ai à peine entrevu ! Je dois convenir que ses manières sont élégantes, pleines de distinction et de réserve, qu'il s'habille avec goût, qu'il marche avec grâce, que ses mains sont fines, ses yeux spirituels...

LA BARONNE, *l'arrêtant.*

Ma fille !

FOURCHEVIF.

Est-ce fini ?

ADÈLE.

Oui, papa.

FOURCHEVIF.

Eh bien, mon compliment ! Tu n'as pas tes yeux dans ta poche ! (*Imitant Adèle.*) Je l'ai à peine entrevu !... Oh ! les petites filles !

ADÈLE.

Papa... est-ce que vous allez lui répondre aujourd'hui ?...

FOURCHEVIF, *allant à son bureau.*

Un instant, que diable ! d'abord il faut que je fasse mes quittances pour les envoyer à Paris, c'est après-demain le quinze.

TRONQUOY, *entrant. Il a mis sa veste du matin, il est triste.*

Monsieur le baron...

FOURCHEVIF.

Ah ! c'est toi... (*L'examinant.*) A la bonne heure, tu es très-bien comme ça.

TRONQUOY.

Oui, sauf que je n'ai pas l'air d'un domestique... (*Avec mépris.*) J'ai l'air d'un paysan !

* Adèle, la baronne, Tronquoy, Fourchevif.

FOURCHEVIF.

Voyons, que veux-tu ?

TRONQUOY.

Il y a là un monsieur qui désire parler au propriétaire du château.

FOURCHEVIF.

Un monsieur ?

TRONQUOY, *montrant sa veste.*

Il m'a vu avec ça!

FOURCHEVIF.

Tu m'ennuies, comment s'appelle-t-il, ce monsieur ?

TRONQUOY.

Voilà sa carte.

FOURCHEVIF, *lisant.*

Étienne Lambert... je ne connais pas... Fais-le entrer. (*Tronquoy sort.*)

LA BARONNE.

Viens, Adèle. (*A Fourchevif.*) Dépêche-toi de le congédier... c'est aujourd'hui ma lessive, tu viendras nous aider à étendre. (*La baronne et Adèle entrent à droite, deuxième plan.*)

SCÈNE V

TRONQUOY, LAMBERT, FOURCHEVIF.

TRONQUOY, *à la cantonade.*

Par ici, entrez, monsieur. (*Lambert paraît au fond, il porte une blouse et une boîte de couleurs à la main. Saluant.*)

LAMBERT.

Monsieur, c'est bien au propriétaire du château que j'ai l'honneur de parler?

FOURCHEVIF, *se levant.*

A lui-même, monsieur.

TRONQUOY, *à part, examinant le costume de Lambert.*

Après ça, il n'est pas mieux mis que moi.

LAMBERT, *à Fourchevif.*

Monsieur, vous avez au bout de votre parc un rocher célèbre parmi les artistes qui viennent en Dauphiné, et je viens vous demander la permission d'en faire une étude.

FOURCHEVIF.

Ah ! c'est pour ça... Alors monsieur est artiste? (*Il remet sa casquette.*)

LAMBERT.

Oui, monsieur; couvrez-vous donc, je vous prie.

FOURCHEVIF.

Ma parole, je ne sais pas ce que vous avez tous après mon rocher. C'est une grosse pierre comme les autres.

LAMBERT.

Il y en a même de plus grosses !

FOURCHEVIF, *à part.*

Il a peut-être l'intention de me vendre son barbouillage. (*Haut.*) Monsieur, je vous accorde la permission de faire mon rocher... Mais si c'est pour me le vendre, je vous préviens que je n'achète pas ces machines-là.

LAMBERT, *piqué.*

Rassurez-vous, monsieur ; quand je commence un tableau, il est vendu; d'ailleurs, je ne travaille pas pour la province.

FOURCHEVIF.

Alors très-bien ; faites votre petit dessin ; mais n'entrez pas dans le potager... Les fruits sont comptés.

LAMBERT.

Hein ?

FOURCHEVIF, *sortant par la droite, deuxième plan.*

Tronquoy, ne quitte pas monsieur.

SCÈNE VI

LAMBERT, TRONQUOY.

LAMBERT, *à lui-même.*

Qu'est-ce que c'est que ce hérisson-là ? (*A Tronquoy. — Portant sa boîte à couleurs sur le guéridon.*) Qu'est-ce qu'il fait, ton maître ?

TRONQUOY.

Il fait sa lessive.

LAMBERT.

Oui, mais sa profession ?

TRONQUOY.

Sa profession ? Il n'en a pas. (*Avec fierté.*) M. le baron de Fourchevif est bourgeois !

LAMBERT.

Hein ? il s'appelle le baron de Fourchevif, lui ?

TRONQUOY.

Parbleu !

LAMBERT, *à lui-même.*

Ah ! par exemple, c'est un peu fort ! (*A Tronquoy.*) Mon ami, veux-tu dire à ton baron de venir tout de suite, j'ai à lui parler.

TRONQUOY.

Mais, monsieur...

LAMBERT.

Va, c'est très-important. (*Tronquoy sort.*) Ah ! voilà un baron qui a besoin d'une leçon ; je me charge de la lui donner... et ce brave Rouquérolle, mon rapin, mon compagnon de travail qui m'attend à l'auberge pour déjeuner. Bah ! il m'attendra.

SCÈNE VII

LAMBERT, FOURCHEVIF.

FOURCHEVIF, *entrant.*

Vous m'avez fait demander ? Dépêchons-nous, je suis pressé.

LAMBERT.

C'est bien monsieur le baron de Fourchevif que j'ai l'honneur de saluer ?

FOURCHEVIF.

Lui-même, après ?

LAMBERT.

En êtes-vous bien sûr ?

FOURCHEVIF,

Comment, voilà qui est fort...

LAMBERT.

Vous savez qu'il n'en reste plus qu'un Fourchevif... le dernier de la famille.

FOURCHEVIF, *se désignant.*

Eh bien?

LAMBERT.

J'ai bien de la peine à croire que ce soit vous.

FOURCHEVIF.

Et pourquoi, s'il vous plaît?

LAMBERT, *simplement.*

Parce que c'est moi!

FOURCHEVIF.

Hein? Vous M. le baron! (*Il ôte vivement sa casquette.*)

LAMBERT.

Couvrez-vous donc, je vous prie.

FOURCHEVIF.

C'est impossible! un baron... en blouse!

LAMBERT.

Vous êtes bien en casquette! Faut-il produire mon acte de naissance? Je suis fils de Raoul de Fourchevif et de dame Raymonde Jacotte de Fourcy.

FOURCHEVIF, *à part.*

J'ai vu ces noms-là dans mes titres. (*Haut.*) Mais que signifie cette carte : Étienne Lambert?

LAMBERT.

C'est mon nom de peintre, mon nom de guerre, si vous voulez... Sans fortune et obligé de vendre mes tableaux pour vivre, je n'ai pas cru devoir associer le nom de mes ancêtres aux péripéties d'une position... plus que précaire ; il sied mal de porter ses diamants quand on n'est pas toujours sûr d'avoir un habit. Alors, j'ai mis le nom de mes aïeux dans ma poche, par respect pour eux, et j'en ai arboré un autre : Etienne Lambert! Au moins celui-là n'engage pas. Étienne Lambert peut endosser la blouse du peintre, fumer librement sa pipe, loger au sixième étage, et dans les jours difficiles aborder sans humiliation le dîner à vingt-deux sous... le baron de Fourchevif ne le pourrait pas.

FOURCHEVIF.

Vous m'avez l'air d'un brave garçon, je crois que nous pouvons nous entendre.

LAMBERT.

Comment cela ?

FOURCHEVIF.

Du moment que vous ne vous servez pas du nom de vos ancêtres, je ne vois pas pourquoi vous vous opposeriez à me le laisser porter.

LAMBERT.

Vous croyez que ça se prête comme un parapluie ?

FOURCHEVIF.

Oh ! je ne vous le demande pas pour rien. (*Tirant son portefeuille*). Je suis trop juste.

LAMBERT.

Oh ! oh ! cachez cela.

FOURCHEVIF.

Comment ?

LAMBERT.

Je ne vends pas de vieux galons.

FOURCHEVIF, *étonné*.

Ah ! alors que désirez-vous ?

LAMBERT (*s'asseyant*).

C'est bien simple, je désire que vous sortiez de mon nom.

FOURCHEVIF.

Ah ça ! C'est impossible.

LAMBERT.

Impossible est joli. Mais vous oubliez donc que je puis vous y contraindre ? on vient de faire une petite loi sur les titres.

FOURCHEVIF, *vivement*.

Je la connais, mais vous ne voudrez pas, vous un artiste, vous ne voudrez pas dépouiller un pauvre père de famille d'un nom qu'il a honorablement conquis par dix-huit ans d'exercice !

LAMBERT.

Il y a six mois, j'ai fait condamner un monsieur qui avait conquis ma montre de cette manière-là.

FOURCHEVIF.

Oh ! quelle différence ! Mais vous ne savez pas tout. Je me présente au conseil général, mes circulaires sont lancées ; ce serait me couvrir de honte, de ridicule.

LAMBERT.

Désolé !

FOURCHEVIF.

Et ma femme, ma pauvre femme, comment lui dire...? Elle est si nerveuse. Et ma fille, ma pauvre fille, qui va se marier. Un pareil scandale ferait tout manquer... elle en mourrait et ma femme aussi ! Et moi aussi !

LAMBERT, *riant.*

Diable ! trois morts sur la conscience.

FOURCHEVIF.

Quatre ! le prétendu ; quatre !

LAMBERT (*à part*).

Il est drôle, ce bonhomme. (*Haut.*) Mon Dieu ! Je n'ai aucune raison de vous être personnellement désagréable, et je cherche s'il n'y aurait pas un moyen...

FOURCHEVIF.

Oh ! parlez (*Tirant de nouveau son portefeuille*) ; aucun sacrifice ne me coûtera.

LAMBERT.

Laissez-donc votre portefeuille en repos.

FOURCHEVIF.

Oui, voyons votre moyen. (*A part.*) Dieu ! Que j'ai chaud !

LAMBERT.

Vous êtes riche, n'est-ce pas... très-riche ?

FOURCHEVIF.

Moi ? (*A part.*) Il va me demander des sommes folles, (*Haut.*) Je suis riche..., j'ai une certaine aisance, mais il ne faudrait pas croire...

LAMBERT, *se levant.*

Ah! Si vous n'êtes pas riche, n'en parlons plus, ça ne peut pas s'arranger.

FOURCHEVIF.

Eh! bien, oui, là! Je suis riche, je suis très-riche... dans une certaine mesure.

LAMBERT.

Alors, nous pouvons causer ; asseyez-vous. (*Il le fait asseoir sur la chaise qu'il vient de quitter et en prend une autre.*)

FOURCHEVIF * *à part.*

Qu'est-ce qu'il va me demander, mon Dieu!

LAMBERT.

Je vous ai dit que j'avais quitté mon nom parce que ma position de fortune ne me permettait pas de le soutenir dignement.

FOURCHEVIF.

Oui.

LAMBERT.

Eh bien! Si je consentais à vous le laisser porter, à vous qui êtes mieux partagé que moi, prendriez-vous l'engagement sérieux de lui rendre son ancien lustre?

FOURCHEVIF.

Qu'entendez-vous par là ?

LAMBERT.

J'entends que vous le tiriez d'oubli, que vous le fassiez rayonner de sa splendeur passée, enfin que vous le portiez haut et ferme, comme il convient à un baron de Fourchevif.

FOURCHEVIF.

Et après?

LAMBERT.

Voilà tout.

FOURCHEVIF, *joyeux.*

Comment, vous ne me demandez que ça ?

LAMBERT.

Prenez garde, je vous demande peut-être plus que vous

* Fourchevif, Lambert.

ne pourrez me donner; autrefois nous habitions ici une splendide demeure.

FOURCHEVIF.

Vous trouvez que c'est mal tenu ?

LAMBERT.

Mais, franchement.

FOURCHEVIF.

Très-bien, je vais faire repeindre la façade du château... à l'huile !

LAMBERT.

Ce n'est pas tout que le château soit repeint, il faut qu'un gentilhomme l'habite, et voilà le difficile.

FOURCHEVIF.

Mais je sais être gentilhomme, voilà dix-huit ans que je pratique.

LAMBERT.

Enfin, je veux bien vous essayer.

FOURCHEVIF.

Comment, m'essayer?

LAMBERT.

Oui, c'est une expérience ; je vous prête le nom de mes pères, mais prenez-y garde, si vous laissez passer l'oreille du bourgeois, je le reprends ; je le remets dans la poche de l'artiste. (*Ils se lèvent.*)

FOURCHEVIF.

C'est convenu.

LAMBERT.

Où est ma chambre ?

FOURCHEVIF.

Votre chambre ?

LAMBERT.

Il faut bien que je sois là pour vous voir à l'œuvre.

FOURCHEVIF.

Ah! oui.

LAMBERT.

Cela paraît vous contrarier ; voilà déjà un faux pas.

FOURCHEVIF.

Comment ?

LAMBERT.

L'hospitalité est une vertu de race.

FOURCHEVIF.

Et je sais la pratiquer ! Voulez-vous nous faire l'amitié de manger la soupe avec nous?

LAMBERT.

La soupe?

FOURCHEVIF.

Non, de dîner avec nous. (*Indiquant le fond, à gauche.*) Voici votre chambre; il y a un carreau en papier, mais on attend le vitrier... (*A part.*) Depuis trois ans.

LAMBERT, * *regardant les portraits d'ancêtres.*

Les voilà, ces nobles têtes!

FOURCHEVIF.

Nos ancêtres, j'ai l'intention de les faire revenir.

LAMBERT.

Me pardonneront-ils le compromis que je viens de faire avec vous !

FOURCHEVIF.

Ah ! Qu'est-ce que ça leur fait?

LAMBERT.

Voici Hugues-Adalbert de Fourchevif, il a été aux croisades.

FOURCHEVIF.

Ah ! il a été... (*A part.*) Ça fera plaisir à ma femme. (*Haut.*) Il est bien noir ! c'est le climat.

LAMBERT, ** *regardant un panneau du mur, derrière le bureau, et riant.*

Ah ! ah ! je le reconnais, c'est bien ça.

FOURCHEVIF.

Quoi donc !

LAMBERT.

Une histoire que m'a racontée souvent mon grand-père. (*Frappant sur le panneau.*) Il y a un bailli là-dedans.

* Lambert, Fourchevif.
** Fourchevif, Lambert.

FOURCHEVIF.

Dans le mur ?

LAMBERT, *s'asseyant sur un canapé.*

Oui, il est là depuis 1623. Il avait osé lever les yeux sur la femme de Raoul, 16ᵉ baron de Fourchevif. Raoul revenait de la chasse... le bailli effrayé se jette dans un placard... éternue... et aussitôt Raoul fait murer le placard.

FOURCHEVIF.

Ah ! mon Dieu ! Parce qu'il avait éternué !

LAMBERT.

Le lendemain on découvrit que les soupçons de Raoul n'étaient pas fondés.

FOURCHEVIF.

Eh bien ! Alors, le bailli ?...

LAMBERT, *d'un air indifférent.*

Oh ! On le laissa là pour ne pas gâter la boiserie... nous avions droit de haute justice.

FOURCHEVIF, *à part.*

Elle est jolie sa haute justice.

LAMBERT.

Ces souvenirs sont pour moi pleins de charme ! (*Se levant.*) Vous m'avez dit que ma chambre était là ?

FOURCHEVIF *.

Oui... vous prendrez garde aux fauteuils, il y en a un de cassé ; on attend le tapissier. (*A part.*) Il doit venir avec le vitrier.

LAMBERT.

A bientôt. (*A part.*) Je m'amuse, moi, ici. (*Il entre à gauche au fond.*)

SCÈNE VIII.

FOURCHEVIF, *puis* LA BARONNE.

FOURCHEVIF, *seul.*

Un bailli muré, c'est horrible ! (*Montrant la table qui est*

* Lambert, Fourchevif.

près du panneau.) Dire que j'écrivais là tous les jours!
(*Prenant la table et l'éloignant du mur.*) Jamais je ne
pourrais écrire mes quittances si près du bailli.

LA BARONNE, *paraissant au fond, suivie de Tronquoy
qui porte du linge.*

Dépêchez-vous, dites qu'on étende, je vais avec vous.
(*Tronquoy traverse au fond.*)

FOURCHEVIF, *arrêtant la baronne* *.

Non, reste, j'ai à te parler.

LA BARONNE.

Quelle figure bouleversée !

FOURCHEVIF.

Si tu savais ! Il est ici... je l'ai vu...

LA BARONNE.

Qui ça ?

FOURCHEVIF.

Le dernier des Fourchevif, le vrai !

LA BARONNE.

Ah ! mon Dieu ! Qu'est-ce que tu me dis–là ?

FOURCHEVIF.

C'est un peintre.

LA BARONNE.

Donne-lui un secours.

FOURCHEVIF.

Ah ! bien, oui ! Il est fier comme tous les nobles. (*Avec
rage.*) Oh ! les nobles !

LA BARONNE.

Tais-toi donc, nous le sommes.

FOURCHEVIF, *se calmant.*

Ah ! c'est juste. Il voulait reprendre son nom.

LA BARONNE.

Jamais ! D'abord, qui nous prouve que c'est un Fourchevif ?

FOURCHEVIF.

Oh ! il n'y a pas à en douter... Il m'a raconté des particula-

* La baronne, Fourchevif.

rités... Tu ne sais pas? (*Indiquant le panneau.*) Il y a un bailli là...

Un bailli?

Depuis 1623, parce qu'il avait éternué !... Mais j'ai arrangé l'affaire... Il nous laisse son nom... à la condition que nous le ferons briller... que nous serons grands seigneurs !... Comme si c'était difficile !... Et il va passer quelques jours avec nous... pour nous essayer...

Comment ! Nous essayer ?

Oui, et s'il trouve que nous ne sommes pas assez gentils-hommes... le pacte est rompu !... Il faut l'éblouir !... il faut être splendides ! Voyons ! Qu'est-ce que nous pourrions faire ? As-tu un bon dîner ?

J'ai un lièvre.

Fais-nous servir le gros melon.

Je le gardais pour dimanche...

Ça ne fait rien !... Tu as là un petit bonnet du matin... c'est bien simple... il te faudrait une toque... avec des plumes !

Attends !... Mon bonnet de soirée ! Je l'avais hier pour aller prendre le thé chez le comte de la Brossinière... Il est resté là... (*Elle prend un bonnet à fleurs dans un carton et le met.*) Mais toi?... Tu ne vas pas rester avec ton paletot de la *Belle Jardinière.*

C'est juste !... Je vais mettre mon habit noir !... (*Il le prend sur son fauteuil et le met.*)

Et ton pantalon relevé...

FOURCHEVIF.

A cause de la rosée... (*Rabaissant son pantalon.*) Tu as raison... Soyons gentilhomme !...

SCÈNE IX.

Les Mêmes, LAMBERT, *puis* TRONQUOY *.

LAMBERT, *sort de sa chambre ; il a ôté sa blouse et porte un paletot élégant.*

Monsieur le baron...

FOURCHEVIF, *à sa femme.*

C'est lui ! (*A part.*) Tiens ! Il s'est habillé aussi. (*Haut.* — *Présentant Lambert à sa femme.*) Baronne... permettez-moi de vous présenter monsieur Etienne Lambert... un peintre très-distingué... dont nous avons vu si souvent le nom dans le livret du muséum.

LAMBERT.

Ah baron ! (*Saluant.*) Madame...

FOURCHEVIF.

Il a bien voulu faire à notre rocher l'honneur de le dessiner... et à nous le plaisir de passer quelques jours au château... (*A part.*) Je soigne mon style !

LA BARONNE.

Soyez le bienvenu, monsieur... notre maison a toujours été ouverte aux artistes.

FOURCHEVIF.

C'est vrai ! (*Feignant l'enthousiasme.*) Oh ! les artistes !

LA BARONNE.

Et il me serait particulièrement agréable que vous considérassiez cette demeure comme la vôtre.

FOURCHEVIF, *à part* **.

Considérassiez ! Elle soigne aussi son style.

LAMBERT.

Vous me voyez confus d'un tel accueil, madame la ba-

* Lambert, Fourchevif, la baronne.
** Fourchevif, Lambert, la baronne.

ronne... Je le dois moins à mon mérite qu'à vos grandes
habitudes d'hospitalité !...

LA BARONNE, *saluant.*

Monsieur...

LAMBERT, *saluant.*

Madame... (*A part.*) Elle a un bon bonnet!

FOURCHEVIF, *à part.*

Jusqu'à présent, ça marche très-bien !

LAMBERT.

Dites donc, baron ?

FOURCHEVIF.

Mon ami.

LAMBERT.

Qu'est-ce que c'est donc que ces linges qui se balancent
désagréablement sur des cordes dans la cour d'honneur ?

LA BARONNE, *à part.*

Ma lessive!

FOURCHEVIF.

Voilà qui est fort! Des linges dans la cour d'honneur !
(*A sa femme.*) Savez-vous, baronne, ce que ça peut être?

LA BARONNE *.

Je l'ignore... je ne m'occupe pas de ces détails...

FOURCHEVIF.

J'allais y faire mettre des orangers... je les attends.

TRONQUOY *entre, tenant à la main de grosses épingles*
*en bois **.*

Madame la baronne, il ne reste plus que ça d'épingles,
je viens en chercher...

LA BARONNE, *bas à Tronquoy.*

Tais-toi!

FOURCHEVIF, *après lui avoir donné un coup de poing à la*
dérobée.

Comment, faquin! C'est toi qui te permets d'étendre dans
la cour d'honneur...

TRONQUOY.

Mais c'est madame qui m'a dit...

---

* Lambert, Fourchevif, la baronne.
** Lambert, Fourchevif, Tronquoy, la baronne.

LA BARONNE.

Moi ?

FOURCHEVIF, *bas.*

Veux-tu te taire !

TRONQUOY, *bas.*

Mais oui... ce matin...

FOURCHEVIF, *bas.*

Pas un mot... ou je te chasse !...

LA BARONNE.

Impertinent !

LAMBERT, *à part.*

Je crois que j'ai dérangé la lessive.

FOURCHEVIF, *à Lambert.*

On n'a jamais vu une brute pareille !

LAMBERT.

C'est votre valet de chambre...

FOURCHEVIF.

Oui... c'est un de mes valets de chambre !

LAMBERT.

Il est bien mal tenu.

FOURCHEVIF.

Tiens ! Il n'a pas sa livrée ! C'est inouï ! (*Avec colère.*) Tronquoy !

TRONQUOY.

Monsieur !

FOURCHEVIF.

Comment oses-tu te présenter ici avec cette loque sur le dos ?

LA BARONNE.

C'est d'une inconvenance !...

TRONQUOY.

Mais vous m'avez grondé ce matin parce que,,,

FOURCHEVIF.

Tu ne dois jamais quitter ta livrée ! jamais !

LA BARONNE.

Jamais !

TRONQUOY, *étonné.*

Ah bah! (*Enchanté.*) Ça me va... je vais la remettre... Ah! j'oubliais... le jardinier va partir... quel prix voulez-vous vendre vos pêches?

FOURCHEVIF, *toussant pour le faire taire.*

Hum! hum!

LA BARONNE, *à part.*

L'imbécile!

LAMBERT.

Comment! Vous vendez vos pêches?

FOURCHEVIF.

Moi?

LA BARONNE.

Par exemple!

TRONQUOY.

Celles qui ne sont pas attaquées!

FOURCHEVIF, *bas à Tronquoy.*

Veux-tu te taire! (*Haut.*) Vendre mes pêches! Me faire fruitier!

LA BARONNE.

Voilà qui serait bouffon!

FOURCHEVIF.

Cet idiot comprend tout de travers... je fais emballer des pêches pour un ami... pour le préfet!... Et il va les envoyer au marché sous mon nom!... Avec des brutes pareilles, il faudrait être partout! Que je t'y reprenne!

LAMBERT.

Oui... il vous faudrait un intendant!

FOURCHEVIF.

Voilà! Il me faudrait un intendant! Nous en causions encore ce matin avec la baronne. (*A Lambert.*) Vous ne connaîtriez pas quelqu'un?

LAMBERT.

Si, j'ai peut-être votre affaire.

FOURCHEVIF, *à part.*

Ah! diable! J'ai eu tort de lui demander ça. (*Haut.*) Nous en reparlerons... Baronne, veuillez donner des ordres pour qu'on débarrasse la cour d'honneur.

LA BARONNE.

Soyez tranquille... (*Saluant Lambert.*) Monsieur... (*Elle sort par le fond.*)

FOURCHEVIF, *à Tronquoy.*

Va mettre ta livrée, maroufle! (*A part.*) Maroufle est grand seigneur! (*Tronquoy sort.*) Quant à moi... je vais parler à ce jardinier qui vend mes pêches! (*A part.*) Je vais lui dire de ratisser le parc! (*Haut.*) Vous permettez?... A bientôt! (*Il sort par le fond à droite.*)

SCÈNE X.

LAMBERT, *puis* ROUQUÉROLLE.

LAMBERT, *seul.*

Ça fait sa lessive, ça vend des pêches et ça veut porter le nom de Fourchevif!

ROUQUÉROLLE, *paraît au fond, costume de velours, cheveux très-longs.*

Eh bien! Tu ne viens pas?

LAMBERT.

Rouquérolle!

ROUQUÉROLLE.

Voilà une heure que je t'attends à l'auberge. L'omelette est cuite... et recuite!

LAMBERT.

Tu arrives à propos... j'ai une communication à te faire!

ROUQUÉROLLE.

A moi?

LAMBERT.

Mon ami... voilà douze ans que je fais une remarque pénible!... C'est que tu n'as aucune espèce de talent.

ROUQUÉROLLE.

Hein?

LAMBERT.

Tu crois faire de la peinture, tu ne fais que des épinards.

ROUQUÉROLLE.

C'est vrai, je vois vert.... j'ai le malheur de voir vert!

---

* Rouquérolle, Lambert.

2.

LAMBERT.

Donc, tu n'as d'autre avenir que de peindre des enseignes pour les nourrisseurs... des pelouses vertes... avec des vaches... de même couleur !

ROUQUÉROLLE.

Ah ! Lambert ! Tu n'es pas gentil !

LAMBERT.

Attends ! Mais comme tu es un brave garçon que j'aime... j'ai songé à ton avenir, je t'ai trouvé une place !

ROUQUÉROLLE.

Dans les chemins de fer ?

LAMBERT.

Non... je connais un grand seigneur qui a besoin d'un intendant.

ROUQUÉROLLE.

Tiens !

LAMBERT.

Il lui faut un homme qui ait le sentiment des arts, le goût des belles choses (*Voyant Rouquérolle tirer sa pipe.*) Cache ta pipe !... un homme enfin qui sache le diriger dans l'emploi de sa fortune... et j'ai pensé à toi !

ROUQUÉROLLE.

Intendant !... C'est une drôle d'idée... Qu'est-ce qu'il y a à faire ?

LAMBERT.

Rien du tout !

ROUQUÉROLLE.

Et on gagne ?...

LAMBERT.

2,400 francs environ...

ROUQUÉROLLE.

C'est peu... enfin !...

SCÈNE XI.

LES MÊMES, FOURCHEVIF. *

FOURCHEVIF, *à la cantonnade.*

Ratissez partout !... je ne veux pas voir une feuille à terre.

* Fourchevif, Lambert, Rouquérolle.

LAMBERT, *bas à Rouquérolle.*

Le baron ! Je vais te présenter... De la tenue, montre ton
linge ! (*Se ravisant en regardant la chemise de Rouquérolle.*) Non, boutonne ton paletot !

FOURCHEVIF, *à Lambert.*

Je vous demande pardon de vous avoir laissé.

LAMBERT, *présentant Rouquérolle.*

Baron... Voici la personne dont je vous ai parlé.

FOURCHEVIF, *saluant Rouquérolle.*

Monsieur... (*A Lambert.*) Quelle personne ?

LAMBERT.

L'intendant !

FOURCHEVIF.

Ah oui ! Nous avions parlé... vaguement !

LAMBERT.

Je me suis permis de l'arrêter en votre nom...

FOURCHEVIF.

Comment, déjà !

LAMBERT.

Nous sommes convenus de tout absolument.

ROUQUÉROLLE.

Oui, baron, de tout !

FOURCHEVIF.

Ah ! C'est différent, du moment que..,

ROUQUÉROLLE, *à part.*

Il a une bonne tête, le patron ! (*Il remonte et regarde les
portraits au fond.*)

FOURCHEVIF, *bas à Lambert.*

Dites-moi, il a les cheveux bien longs ?

LAMBERT, *bas.*

Il les fera couper.

FOURCHEVIF, *bas.*

Est-il honnête ?

LAMBERT, *bas.*

Je n'en sais rien... Vous savez, les intendants ! Mais c'est
un homme qui a les connaissances les plus variées et les plus
étendues.

FOURCHEVIF.

Oui, mais...

LAMBERT.

Il connaît la peinture, l'architecture, l'agriculture...
Faites-le causer, vous en serez étonné... Moi, je vais revoir
les arbres qui ont ombragé ma jeunesse. (*A part.*) Et cro-
quer mon rocher. (*Haut.*) Faites-le causer. (*Il sort par le
fond.*)

SCÈNE XII.

ROUQUÉROLLE, FOURCHEVIF.

FOURCHEVIF, *à part.*

Il me fourre un intendant! Je n'en ai pas besoin. (*Regardant Rouquérolle.*) Il a une franche figure de coquin !

ROUQUÉROLLE, *qui a examiné les portraits.*

Vous avez de jolis bonhommes là.

FOURCHEVIF.

Comment ! des bonhommes !... ce sont mes ancêtres...

ROUQUÉROLLE.

En voilà un qui a poussé au noir.

FOURCHEVIF.

C'est Hugues-Adalbert de Fourchevif... Il a été aux croisades... dit-on !

ROUQUÉROLLE.

C'est peint dans la manière de Ribéra.

FOURCHEVIF.

Ribéra.

ROUQUÉROLLE.

Un Espagnol qui voyait noir... Moi, je vois vert... j'ai le
malheur de voir vert!... Monsieur le baron ne fume pas ?

FOURCHEVIF.

Non... Je vous serai même obligé... le tabac incommode
la baronne et moi-même... Mais il faut que je vous mette
au courant de mes affaires.

ROUQUÉROLLE.

Volontiers...

FOURCHEVIF, *qui a tiré un papier de sa poche.*

Voici un petit projet de bail sur lequel je ne serais pas
fâché d'avoir votre avis... (*Ils s'asseyent à la table.*)

ROUQUÉROLLE. *

Parlez... (*A part.*) Je donnerais tous les trésors de l'Asie pour fumer une pipe.

FOURCHEVIF.

Il s'agit d'un bail à cheptel... je n'ai pas besoin de vous dire ce que c'est que le bail à cheptel... vous avez des connaissances pratiques.

ROUQUÉROLLE.

Dites toujours !

FOURCHEVIF.

Nous avons le cheptel simple... le cheptel à moitié et le cheptel de fer.

ROUQUÉROLLE.

C'est le plus solide.

FOURCHEVIF.

Non... moi, je préfère le cheptel à moitié.

ROUQUÉROLLE.

Chacun son idée. Monsieur le baron ne fume pas ?

FOURCHEVIF.

Mais non ! (*A part.*) Quel drôle d'intendant ! (*Haut.*) Il est bon de vous dire que j'ai quatorze cents têtes de moutons.

ROUQUÉROLLE, *étonné.*

Quatorze cents ! (*A part.*) Qu'est-ce qu'il peut faire de toutes ces têtes-là ?

FOURCHEVIF.

Quand je dis quatorze cents... mon fermier est à la moitié.

ROUQUÉROLLE.

Alors, reste à quatorze cents demi-têtes... c'est déjà bien gentil !

FOURCHEVIF.

Voici l'article 14, sur lequel j'appelle toute votre attention.

ROUQUÉROLLE.

Allez !...

FOURCHEVIF, *après avoir mis ses lunettes.*

« Le preneur sera tenu de garder ledit cheptel par lui et

* Fourchevif, Rouquérolle.

» ses gens; il devra justifier de toutes morts naturelles par
» le rapport des peaux... »

ROUQUÉROLLE.

Le rapport des peaux?

FOURCHEVIF.

Oui... Ainsi, quand un mouton mourra, il sera tenu de
montrer sa peau.

ROUQUÉROLLE.

Le mouton?

FOURCHEVIF.

Non, le fermier,

ROUQUÉROLLE.

La peau du fermier?

FOURCHEVIF.

Non, la peau du mouton.

ROUQUÉROLLE.

La peau de la tête?

FOURCHEVIF.

Eh non! Toute la peau! (*A part.*) Il est stupide! (*Haut,
reprenant sa lecture.*) « Tous ravissements de loups et au-
» tres morts violentes se justifieront comme faire se pourra.»

ROUQUÉROLLE.

Tiens! Vous avez des loups?

FOURCHEVIF.

Ne m'en parlez pas! L'hiver dernier ils ont mangé seize
moutons.

ROUQUÉROLLE.

Bravo! C'est splendide!

FOURCHEVIF.

Qu'est-ce qui est splendide?

ROUQUÉROLLE.

Vos loups!... Ça devient très rare! En Angleterre, on les
achète... nous les chasserons... Chasser le loup, c'est un de
mes rêves! Il nous faudra des chevaux, une meute, des pi-
queurs.

FOURCHEVIF.

Permettez...

ROUQUÉROLLE:

Je me charge de vous trouver tout cela, soyez tranquille!
Nous nous arrangerons une vie de Polichinelle! (*Il lui frappe
sur l'épaule.*)

FOURCHEVIF, *se levant impatienté.*

Une vie de Polichinelle!

ROUQUÉROLLE, *se levant.*

Par exemple, votre mobilier est triste... Eh! qu'il est
vilain!

FOURCHEVIF.

Comment!... C'est de l'acajou... verni !...

ROUQUÉROLLE.

Précisément; il vous faut du vieux chêne; des bahuts,
des tables, des fauteuils de style, des chenets en fer de
l'époque.

FOURCHEVIF.

Pourquoi pas en or?

ROUQUÉROLLE.

Ah! dame! Quand on est baron, quand on a des papas
qui ont été aux croisades, on ne se meuble pas comme un
passementier!

FOURCHEVIF, *à part.*

Ah! Mais il m'ennuie, celui-là!

ROUQUÉROLLE.

Dites donc, baron, une confidence.

FOURCHEVIF.

Quoi encore?

ROUQUÉROLLE.

Je n'ai pas déjeuné. (*Mettant la main sur son estomac.*)
Ça fait cri, cri!

FOURCHEVIF.

Ah! vous n'avez pas... C'est bien, je vais voir à l'office.
(*A part.*) Je crois qu'il reste de la dinde. (*Haut.*) Tenez, en
attendant, faites mes quittances de loyer...

ROUQUÉROLLE.

Moi?

* Rouquérolle, Fourchevif.

FOURCHEVIF, *prenant un papier sur la table.*

Voici la liste de mes locataires... avec les sommes à toucher... vous n'aurez qu'à copier.

ROUQUÉROLLE.

Franchement, je n'aime pas beaucoup ce travail-là.

FOURCHEVIF.

En vérité ! (*A part.*) Dès que l'autre sera parti, en voilà un que je flanquerai à la porte. (*Il entre à droite, au fond.*)

SCÈNE XIII.

ROUQUÉROLLE, *seul, se mettant à table.*

C'est vrai... faire des quittances pour des locataires qui seront obligés de les payer un jour ou l'autre... ça me rend mélancolique ! (*Lisant un papier.*) Liste des locataires de M. le baron de Fourchevif. (*Parlé.*) Fourchevif ! C'est mon propriétaire !... (*Se levant.*) Je lui dois trois termes ! Voilà une rencontre !... Tiens, mon nom ! il y a une note à côté. (*Lisant.*) « Donner congé au petit barbouilleur. » (*Parlé.*) Il faut que je me donne congé ! Bah ! Ça m'est égal, j'ai un autre logement chez lui ! (*Apercevant le tableau commencé par Adèle.*) Tiens ! On peint ici ! (*Examinant le tableau.*) Peinture de demoiselle... pour la fête à papa !

SCÈNE XIV.

ROUQUÉROLLE, ADÈLE, *puis* FOURCHEVIF.

ADÈLE, *entrant et apercevant Rouquérolle.*

Quel est ce monsieur qui regarde mon tableau ?

ROUQUÉROLLE.

Ah ! Pardon, mademoiselle, je suis le nouvel intendant.

ADÈLE.

Comment ! Papa a pris un intendant !... Pourquoi faire ?

ROUQUÉROLLE.

Mais... pour ne rien faire.

ADÈLE, *riant.*

Ah ! ah ! c'est de la franchise... Vous êtes amateur de peinture ?

ROUQUÉROLLE.

Mieux que ça.

ADÈLE.

Artiste, peut-être ?

ROUQUÉROLLE.

Je me le suis laissé dire.

ADÈLE, *allant au chevalet.*

Ah ! Quel bonheur ! Donnez-moi des conseils, monsieur, et surtout soyez franc !

ROUQUÉROLLE, *à part*.*

Elle est gentille ! (*Haut.*) Franchement, c'est mou, c'est poncif, palette de famille ; ça manque de flou.

ADÈLE.

De flou ?

ROUQUÉROLLE.

Tenez ! voilà un camellia qui ressemble à un coquelicot... vous voyez coquelicot... moi, je vois vert !

ADÈLE.

Il faut convenir que vous n'êtes pas complimenteur.

ROUQUÉROLLE.

Ah ! dame Vous avez encore à piocher ! (*Lui donnant un pinceau.*) Tenez ! Fourrez-moi des glacis là-dedans... et empâtez vos premiers plans ! Empâtez, ferme !

ADÈLE, *travaillant.*

Ce n'est pas ma faute... je n'ai jamais eu de conseils...

ROUQUÉROLLE, *à part.*

Elle est très-gentille !... ça ferait une jolie petite femme pour Lambert ! (*Haut.*) Aimez-vous les artistes ? (*Il s'assied près du chevalet.*)

ADÈLE.

Oh ! Oui, beaucoup !

ROUQUÉROLLE.

Vous êtes dans le vrai... N'épousez jamais un bourgeois... c'est aplatissant ! Empâtez ! Empâtez !

ADÈLE.

Encore ?

* Adèle, Rouquérolle.

ROUQUÉROLLE,

Toujours! Épouseriez-vous un artiste ?

ADÈLE.

Dame! (*A part.*) Mon père lui a parlé de monsieur Jules!

ROUQUÉROLLE.

J'en connais un... un vrai...... qui n'est pas loin d'ici.

ADÈLE, *baissant les yeux.*

Je crois savoir qui...

ROUQUÉROLLE, *à part.*

Ça y est!... Elle a vu Lambert!... Le flibustier! Il faut
que je touche un mot de ce mariage-là au baron. (*A Adèle.*)
Empâtez! Empâtez! (*Se levant, à part.*) Lambert m'a
trouvé une place, je lui trouve une femme... Manche à!

FOURCHEVIF, * *entrant.*

Votre déjeuner est prêt. (*A part.*) Il restait de la dinde.

ROUQUÉROLLE.

Baron, écoutez-moi... (*A part.*) Je ne peux pas lui parler
de ça devant la petite. (*Bas à Fourchevif.*) J'ai une communication à vous faire... attendez-moi! (*Il sort par le fond,
à droite.*)

SCÈNE XV.

ADÈLE, FOURCHEVIF, *puis* LAMBERT.

FOURCHEVIF.

Attendez-moi! Je ne suis pas à ses ordres!... (*A Adèle.*)
Encore à tes pinceaux! Ne te dérange pas, continue. (*A
part.*) Si l'autre pouvait la voir... ça le flatterait! (*Lambert
paraît au fond.* **) Justement le voici! (*A Lambert.*) Mon
cher ami... je vous présente ma fille... une artiste en herbe...
voyez.

LAMBERT.

Mademoiselle. (*Regardant le tableau.*) Vous voulez dire
en fleurs...

FOURCHEVIF.

Ah! Très-joli! (*A Lambert.*) Eh bien! Comment trouvez-
vous ça ?

* Adèle, Fourchevif, Rouquérolle.
** Adèle, Lambert, Fourchevif.

LAMBERT.

Mademoiselle me permet-elle d'être sévère ?

FOURCHEVIF.

Oh ! Féroce !

LAMBERT.

Ceci est trop empâté, beaucoup trop !

ADÈLE, *étonnée*.

Ah !

FOURCHEVIF.

Oui, ça use trop de couleurs, ça n'a pas de bon sens !

ADÈLE.

Mais, papa...

FOURCHEVIF.

Monsieur te dit de ne pas empâter. N'empâte pas, voilà tout ! Ce sera bien mieux en n'empâtant pas tant.

ADÈLE, *à part*.

Ma foi ! Je ne sais plus lequel écouter ! (*Saluant Lambert.*) Monsieur...

LAMBERT, *saluant*.

Mademoiselle... (*Adèle sort du fond.*)

SCÈNE XVI.

FOURCHEVIF, LAMBERT, *puis* TRONQUOY.

FOURCHEVIF.

Eh bien ! Vous venez de faire votre promenade dans le parc ?

LAMBERT.

Oui.

FOURCHEVIF.

J'espère que c'est... ratissé...

LAMBERT.

Je suis arrivé juste à temps pour empêcher un sacrilége.

FOURCHEVIF.

Quoi donc ?

LAMBERT.

Des hommes armés de cognées allaient abattre les grands arbres de la futaie.

FOURCHEVIF.

Ah oui !... ils sont vendus !

LAMBERT.

Non, vous ne pouvez pas vendre ces arbres-là !

FOURCHEVIF.

Pourquoi ?

LAMBERT.

C'est là que dame Aloyse rencontra pour la première fois
Gontran de Fourchevif, le chef de notre famille...

FOURCHEVIF.

Ça... ça m'est bien égal.

LAMBERT.

Ce sont des arbres historiques... Et ceux-là on ne les
coupe jamais !

FOURCHEVIF.

Mais mon marchand de bois...

LAMBERT.

Je viens d'arrêter les travaux...

FOURCHEVIF.

Cependant...

LAMBERT.

Il le faut !

FOURCHEVIF.

Bien ! Bien !

LAMBERT, *à part.*

J'en ai commencé une étude, ça me permettra de la finir !

FOURCHEVIF, *à part.*

Il est un peu exigeant !

LAMBERT.

J'ai encore à vous parler de notre mausolée... il est dans
un état déplorable... il croule...

FOURCHEVIF.

Des ruines dans le feuillage, ça fait très-bien.

LAMBERT.

Il faudra le faire reconstruire...

FOURCHEVIF.

Oui, mon ami... (*A part.*) Quelques mille de briques !...

LAMBERT.

En marbre...

FOURCHEVIF.

Ah !

LAMBERT.

Je vous en ferai le dessin... Deux lions pleurant sur une urne.

FOURCHEVIF, *à part.*

Avec ça que c'est bon marché des lions qui pleurent sur des urnes ! (*Haut.*) Mon ami, permettez-moi une observation... Des lions qui pleurent... ça me semble un peu... Moi je crois que deux chiens... deux gros chiens en porcelaine...

LAMBERT.

Non ! non !... Deux lions en marbre.

FOURCHEVIF, *à part.*

Ah ! Mais il devient très-ennuyeux !

(*Tronquoy entre*. Il a remis sa livrée et porte une lettre sur un plat d'argent.*)

TRONQUOY, *solennellement.*

C'est une lettre de la part de M. le comte de la Brossinière...

FOURCHEVIF, *regardant le plat avec étonnement, et bas à Tronquoy.*

Tiens, pourquoi ce plat ?

TRONQUOY, *bas.*

C'est par ordre de madame la baronne.

FOURCHEVIF, *bas.*

C'est bien... Mais ne laisse pas traîner mon argenterie. (*Tronquoy sort.*)

FOURCHEVIF, *à part.*

A-t-on jamais vu mettre des lettres sur le plat ! (*Haut à Lambert.*) Le comte de la Brossinière est un voisin... Un de mes électeurs les plus influents.

LAMBERT, *regardant le cachet de la lettre.*

Oh ! Oh ! Voici qui est grave !

* Lambert, Fourchevif, Tronquoy.

3.

FOURCHEVIF.

Quoi donc ?

LAMBERT.

Regardez ce cachet... Trois lions de gueules accostés de six merlettes engrelées de sable.

FOURCHEVIF.

Eh bien ?

LAMBERT.

Mais ce sont vos armes ! C'est l'écusson des Fourchevif ! M. de la Brossinière a usurpé votre blason !

FOURCHEVIF, *tranquillement*.

Tiens ! Tiens ! Tiens !

LAMBERT.

Et vous ne frémissez pas ? Vous ne bondissez pas ?

FOURCHEVIF.

Oh ! Pour des merlettes... Entre voisins !

LAMBERT, * *allant à la table*.

Nous allons répondre à ce petit monsieur... Ecrivez.

FOURCHEVIF.

Moi ?

LAMBERT.

Oui... mettez-vous là.

FOURCHEVIF, *s'asseyant à la table*.

De la modération, je vous en prie... C'est un de mes électeurs les plus...

LAMBERT, *dictant*.

« Monsieur le comte... vous avez pris mes merlettes... » grattez-les ! »

FOURCHEVIF, *écrivant*.

Grattez-les ! C'est bien raide !

LAMBERT.

Signez !

FOURCHEVIF.

C'est égal... elle est un peu sèche, ma... votre lettre.

* Fourchevif, Lambert.

LAMBERT, *mettant la lettre sous enveloppe.*

Je l'espère bien!... Vous voilà probablement avec une affaire sur les bras, mais l'honneur est sauf!

FOURCHEVIF.

Une affaire? Quelle affaire?

LAMBERT.

Ces petits nobliaux sont susceptibles... je les connais... Il est présumable que M. de la Brossinière ne grattera pas... et qu'il vous enverra ses témoins.

FOURCHEVIF, *se levant.*

Un duel! Mais je ne me bats pas, moi!

LAMBERT.

Vous y serez forcé!... Il vous insultera!

FOURCHEVIF.

S'il m'insulte, je déposerai ma plainte entre les mains du procureur impérial!

LAMBERT.

Un procès! Quand vous avez une épée!

FOURCHEVIF.

Une épée! Où diable voyez-vous une épée?

LAMBERT.

Celle des Fourchevif!

FOURCHEVIF.

Je n'ai pas acheté meublé!

LAMBERT.

Vous vous battrez!

FOURCHEVIF.

Je ne me battrai pas!!! Plutôt mourir!!!

LAMBERT, *froidement.*

Soit, monsieur... mais vous trouverez bon que je re-prenne un nom que vous ne savez pas porter.

FOURCHEVIF.

Un instant, mon ami!

LAMBERT, *froidement.*

Cette lettre à son adresse, ou je reprends mon nom. Je

4

vous salue... (*A part, riant.*) Pauvre bonhomme! (*Il entre dans la chambre à gauche.*)

FOURCHEVIF, *seul.*

S'il croit que j'ai envie de me faire embrocher pour (merlettes !

SCÈNE XVII.

LA BARONNE, FOURCHEVIF.

LA BARONNE, *entrant.*

J'ai entendu des cris... Qu'y a-t-il?

FOURCHEVIF.

Il est enragé! Il veut que je me batte en duel.

LA BARONNE.

Un duel! Ah!

FOURCHEVIF, *l'assistant.*

Mais ne t'effraye donc pas... il n'y a pas de danger! Je ne me battrai pas !

LA BARONNE.

Tu me le jures, n'est-ce pas?

FOURCHEVIF.

Oui! Je te le jure sur... sur la tête de mes ancêtres!... (*Se reprenant.*) De ses ancêtres!

LA BARONNE.

Oh! merci!... C'est bien, ce que tu fais là !

FOURCHEVIF.

Oui, mais nous sommes perdus!

LA BARONNE.

Comment!

FOURCHEVIF.

Si je ne me bats pas !... Et je l'ai juré !... Il reprend son nom !

LA BARONNE.

Ah! Mon Dieu!

FOURCHEVIF.

Et il faut redevenir Potard !

* Fourchevif, la baronne.

LÁ BARONNE.

Jamais !... Jamais ! (*Ils s'asseyent à la table.*)

SCÈNE XVIII.

LES MÊMES, ROUQUÉROLLE, *puis* ADÈLE.

ROUQUÉROLLE, *entrant, à part.*

Ah ! J'ai bien déjeuné ! Il a de bon petit vin, le baron !

FOURCHEVIF, *à part.*

Tiens ! C'est mon intendant !... Si je lui donnais son compte ?

ROUQUÉROLLE, *à part.*

La famille est assemblée... c'est le moment de faire la demande... (*Il met ses gants.*)

FOURCHEVILLE, *à part.*

Je lui payerai ses huit jours.

ROUQUÉROLLE, *à part.*

C'est drôle ! je suis étourdi. (*Haut.*) Baron... et vous, baronne... Justement préoccupé du bonheur de votre famille... je viens remplir une mission... que dis-je ? Un devoir !

FOURCHEVIF ET LA BARONNE.

Quoi donc ?

ROUQUÉROLLE.

Vous connaissez Lambert... Il est bon, doux, timide, instruit... enfin c'est un artiste... et un artiste qui vend.

FOURCHEVIF.

Eh bien !

ROUQUÉROLLE.

J'ai l'honneur de vous demander, en son nom, la main de votre charmante fille...

FOURCHEVIF ET LA BARONNE.

Hein ?

ROUQUÉROLLE.

Je n'ajouterai qu'un mot : Les enfants s'aiment !

* , Rouquérolle, Fourchevif, la baronne.

FOURCHEVIF, *vivement.*

C'est faux ! ma fille...

ROUQUÉROLLE, *dignement.*

On attend la réponse ! (*Il s'assied près du chevalet.*)

FOURCHEVIF, *indigné.*

Marier ma fille à un barbouilleur !

LA BARONNE, *bas, vivement.*

Taisez-vous !

FOURCHEVIF.

Quoi !

LA BARONNE.

Ce mariage peut nous sauver !

FOURCHEVIF.

Comment ?

LA BARONNE.

Avec lui le nom entre dans la famille.

FOURCHEVIF.

Et nous pouvons nous en servir tous... elle a raison !

LA BARONNE.

D'ailleurs, il est fort bien, ce jeune homme, et c'est un vrai noble !

FOURCHEVIF, *se levant.*

Oui, mais il n'a pas le sou ! (*Adèle paraît.*) Ma fille !... (*A Rouquérolle.*) Laissez-nous l'interroger.

ROUQUÉROLLE.

Ça marche ! Je vais prendre mon café. (*Il rentre à droite au fond.*)

SCÈNE XIX

ADÈLE, FOURCHEVIF, LA BARONNE.

FOURCHEVIF, *bas à sa femme.*

Commence... je te soutiendrai.

LA BARONNE, *de même.*

Non, toi !

FOURCHEVIF, *se rasseyant.*

Adèle... Ma chère enfant !

ADÈLE.

Quoi, papa ?

FOURCHEVIF.

Nous t'avons parlé ce matin de M. Jules...

ADÈLE.

Oh ! C'est un excellent jeune homme !

FOURCHEVIF.

Oui... sans doute... c'est que ta mère a pensé...

LA BARONNE.

Non... ton père.

FOURCHEVIF.

Enfin, nous avons pensé tous les deux... que M. Jules... n'est peut-être pas le mari qui te convient...

ADÈLE, *vivement.*

Ah ! Par exemple ! Qu'avez-vous à lui reprocher ?

FOURCHEVIF.

Rien... mais ta mère... aurait un autre parti à te proposer.

ADÈLE.

Comment ?

LA BARONNE.

C'est-à-dire... ton père. (*A part.*) Il me met toujours en avant.

FOURCHEVIF.

Enfin, nous avons tous les deux un autre parti à te proposer... un jeune homme d'une grande naissance... et qui peint bien mieux que M. Jules.

ADÈLE.

Oh ! c'est impossible !

FOURCHEVIF.

Tu l'as vu... c'est ce jeune homme qui était là tout à l'heure... et qui trouve que tu empâtes trop.

LE BARON DE FOURCHEVIF.

ADÈLE.

Mais je ne le connais pas ! Je ne l'aime pas !

FOURCHEVIF.

Mais M. Jules non plus ?

ADÈLE, *naïvement*.

Ah ! Si, papa !

FOURCHEVIF *et* LA BARONNE, *se levant*.

Comment !

ADÈLE.

Ce n'est pas ma faute... c'est venu sans que j'y prenne garde... en peignant des camellias.

FOURCHEVIF, *à part*.

Allons ! Nous voilà bien ! (*Haut.*) Voyons... sois raisonnable !... Il y va de notre repos... de notre bonheur !

LA BARONNE*.

De notre honneur même !

ADÈLE.

Ah ! mon Dieu !

FOURCHEVIF.

Jamais nous ne te contraindrons... mais si tu nous aimes... si tu veux qu'on nous estime... tu épouseras celui que nous te proposons.

ADÈLE.

Je vous obéirai, mon père, mais je serai malheureuse...

LA BARONNE.

Adèle !

FOURCHEVIF.

Ne dis pas ça !

ADÈLE.

Oh ! Je le sens bien... je n'aimerai jamais mon mari... jamais ! jamais !... Je n'aimerai que monsieur Jules... toujours, toujours !... Mais je saurai me sacrifier avec courage... avec

* La baronne, Adèle, Fourchevif.

calme... (*Éclatant en sanglots.*) Oh! Que je suis malheureuse!

FOURCHEVIF, *pleurant.*

Et moi donc!

LA BARONNE, *sanglotant.*

Et moi!

FOURCHEVIF, *de même.*

N'avoir qu'une fille...

LA BARONNE, *de même.*

Qu'on adore!...

FOURCHEVIF.

Pour laquelle... on se jetterait dans le feu, et... (*Tout à coup.*) Nous sommes des lâches! Des sans cœurs, des orgueilleux!...

LA BARONNE, *sanglotant.*

Oui! Sacrifier notre fille!

FOURCHEVIF.

Eh bien! Non!... Au diable les Fourchevif! (*A Adèle.*) Tu épouseras Jules!

LA BARONNE.

Tu l'épouseras.

ADÈLE, *se jetant dans ses bras.*

Ah! Maman!

FOURCHEVIF.

Et quant à ce monsieur... nous allons voir!

SCÈNE XX.

LES MÊMES, LAMBERT, *puis* ROUQUÉROLLE, *puis* TRONQUOY.

LAMBERT, *sort de sa chambre; il a repris son costume de peintre.*

Monsieur le baron, votre réponse?

---

* Lambert, Fourchevif, la baronne, Adèle.

FOURCHEVIF.

Ma réponse, la voici : Monsieur, je m'appelle Potard, marchand de porcelaines, rue de Paradis-Poissonnière, 22... fait l'exportation !...

ADÈLE *et* LA BARONNE.

Hein ?

FOURCHEVIF.

Voici madame Potard et mademoiselle Potard ! Je reprends mon nom... gardez le vôtre !

LAMBERT.

A la bonne heure ! Voilà où je voulais vous amener !

FOURCHEVIF.

Quant à ma fille... (*Avec énergie.*) vous ne l'aurez pas ! Vous ne l'aurez pas !

ROUQUÉROLLE, *qui vient d'entrer* *.

Hein?

LAMBERT.

Pardon... mais je ne vous l'ai jamais demandée...

TOUS.

Comment?

ROUQUÉROLLE, *bas à Lambert* **.

Non, c'est moi.

LAMBERT, *passant devant Fourchevif* ***.

Vous êtes charmante, mademoiselle... mais rassurez-vous, je ne songe pas à me marier.

FOURCHEVIF.

Ah çà! qu'est-ce que vous m'avez donc chanté, vous, mon intendant?

* Lambert, Rouquérolle, Fourchevif, la baronne, Adèle.
** Rouquérolle, Lambert, Fourchevif, la baronne, Adèle.
*** Rouquérolle, Fourchevif, Lambert, la baronne, Adèle.

ROUQUÉROLLE.

J'ai vu vert, que voulez-vous !

LAMBERT.

Puisque vous reprenez votre nom, permettez-moi de reprendre aussi le mien... Je ne suis nullement baron... et encore moins Fourchevif.

TOUS.

Ah bah !

LAMBERT.

Étienne Lambert, paysagiste... et bourgeois... comme vous.

FOURCHEVIF.

Ah çà ! le vrai?... le vrai Fourchevif ? (*Avec joie.*) Il est mort !

LAMBERT.

Calmez votre douleur... il se porte à merveille... C'est un de mes meilleurs amis...

FOURCHEVIF.

Mais...

LAMBERT.

Soyez tranquille, je ne lui dirai rien... j'ai simplement voulu vous prouver que chacun, noble et bourgeois, doit rester à sa place...

FOURCHEVIF.

Vous avez raison. (*A Rouquérolle.*) Monsieur, enchanté d'avoir fait votre connaissance... Je vous donne votre compte.

ROUQUÉROLLE.

Ah bah ! (*Tirant sa pipe, et bas à Lambert.*) C'est égal, j'ai bien déjeuné ! Allumons-en une.

LAMBERT, *bourrant sa pipe.*

Ça va ! * (*Ils allument leur pipe. Potard et sa femme sont sur le devant.*)

* Rouquérolle, Lambert, Fourchevif, la baronne, Adèle.

FOURCHEVIF.

Vois-tu, ma femme, la noblesse est une belle chose... mais il faut être né là-dedans... Nous sommes bourgeois... restons bourgeois !

LA BARONNE, *poussant un soupir.*

Allons faire notre lessive !

FIN.

Paris. — Typ. Morris et Comp., rue Amelot, 64.

www.ingramcontent.com/pod-product-compliance
Lightning Source LLC
LaVergne TN
LVHW022202080426
835511LV00008B/1523